ICH FINDE DICH IN ALLEN DINGEN

R.M. RILKE

ROSINA WACHTMEISTER

WELTBILD

LEHNEN IM ABENDGARTEN
BEIDE,
LAUSCHEN LANG NACH
IRGENDWO.
„DU HAST HÄNDE
WIE WEISSE SEIDE..."
UND DA STAUNT SIE:
„DU SAGST DAS SO."

ETWAS IST IN DEN GARTEN
GETRETEN,
UND DAS GITTER HAT NICHT
GEKNARRT,
UND DIE ROSEN
IN ALLEN BEETEN
BEBEN VOR SEINER
GEGENWART.

VOR LAUTER LAUSCHEN
UND STAUNEN SEI STILL,
DU MEIN TIEFTIEFES LEBEN,
DASS DU WEISST,
WAS DER WIND DIR WILL,
EH NOCH DIE BIRKEN BEBEN.

UND WENN DIR EINMAL
DAS SCHWEIGEN SPRACH,
LASS DEINE SINNE BESIEGEN.
JEDEM HAUCHE GIEB DICH,
GIEB NACH,
ER WIRD DICH LIEBEN
UND WIEGEN.

UND DANN MEINE SEELE
SEI WEIT, SEI WEIT,
DASS DIR DAS LEBEN GELINGE,
BREITE DICH WIE EIN
FEIERKLEID
ÜBER DIE SINNENDEN DINGE.

OB AUCH DIE STUNDEN
UNS WIEDER ENTFERNEN:
WIR SIND IMMER
BEISAMMEN IM TRAUM
WIE UNTER EINEM
AUFBLÜHENDEN BAUM.
WIR WERDEN DIE WORTE,
DIE LAUT SIND,
VERLERNEN
UND VON UNS REDEN
WIE STERNE
VON STERNEN, -
ALLE LAUTEN WORTE
VERLERNEN:
WIE „UNTER EINEM
AUFBLÜHENDEN BAUM.

ICH MÖCHTE JEMANDEN EINSINGEN,
BEI JEMANDEM SITZEN UND SEIN.
ICH MÖCHTE DICH WIEGEN UND
KLEINSINGEN
UND BEGLEITEN SCHLAFAUS UND
SCHLAFEIN.
ICH MÖCHTE DER EINZIGE SEIN IM HAUS,
DER WÜSSTE: DIE NACHT WAR KALT.
UND MÖCHTE HORCHEN HEREIN UND
HINAUS
IN DICH, IN DIE WELT, IN DEN WALD.
DIE UHREN RUFEN SICH SCHLAGEND AN,
UND MAN SIEHT DER ZEIT AUF DEN GRUND.
UND UNTEN GEHT NOCH EIN FREMDER
MANN
UND STÖRT EINEN FREMDEN HUND.
DAHINTER WIRD STILLE. ICH HABE GROSS
DIE AUGEN AUF DICH GELEGT,
UND SIE HALTEN DICH SANFT
UND LASSEN DICH LOS,
WENN EIN DING SICH IM DUNKEL
BEWEGT.

UND WIE MAG DIE LIEBE
DIR KOMMEN SEIN?
KAM SIE WIE EIN SONNEN,
EIN BLÜTENSCHNEIN,
KAM SIE WIE EIN BETEN? -
-ERZÄHLE:

EIN GLÜCK LÖSTE LEUCHTEND
AUS HIMMELN SICH LOS
UND HING MIT
GEFALTETEN SCHWINGEN GROSS
AN MEINER BLÜHENDEN SEELE...

DAS WAR DER TAG
DER WEISSEN CHRYSANTHEMEN,-
MIR BANGTE FAST
VOR SEINER SCHWEREN PRACHT...
UND DANN, DANN KAMST
DU MIR DIE SEELE NEHMEN
TIEF IN DER NACHT.

MIR WAR SO BANG,
UND DU KAMST LIEB UND LEISE,-
ICH HATTE GRAD IM TRAUM
AN DICH GEDACHT.
DU KAMST,
UND LEIS WIE EINE MÄRCHENWEISE
ERKLANG DIE NACHT...

LEIS STEHT DAS HAUS
VOR SEINEM LETZTEN STERNE,
DEN DIE VERGANGNE
NACHT HINUNTERZIEHT.
DOCH SEINE FENSTER
SIND SCHON VOLLER FERNE,
VOLL EINES MORGENS,
WELCHER GROSS GESCHIEHT.

ZUKÜNFTIGES UND WEITES
IM GESICHT -
SO STEHT DAS HAUS
IM NOCH NICHT WACHEN
GARTEN, -
UND SEINE STUFEN
DIE AUF WUNDER WARTEN, -
TÄUSCHEN SICH NICHT...

ICH LEBE MEIN LEBEN
IN WACHSENDEN RINGEN,
DIE SICH ÜBER DIE
DINGE ZIEHN.
ICH WERDE DEN LETZTEN
VIELLEICHT NICHT
VOLLBRINGEN,
ABER VERSUCHEN
WILL ICH IHN.
ICH KREISE UM GOTT,
UM DEN URALTEN TURM
UND ICH KREISE
JAHRTAUSENDELANG
UND ICH WEISS NOCH NICHT:
BIN ICH EIN FALKE,
EIN STURM
ODER EIN GROSSER
GESANG.

ZWEI BECKEN,
EINS DAS ANDRE ÜBERSTEIGEND,
AUS EINEM ALTEN
RUNDEN MARMORRAND,
UND AUS DEM OBEREN
WASSER LEIS SICH NEIGEND
ZUM WASSER,
WELCHES UNTEN
WARTEND STAND,
DEM LEISE REDENDEN
ENTGEGENSCHWEIGEND
UND HEIMLICH,
GLEICHSAM IN DER HOHLEN HAND,
IM HIMMEL HINTER GRÜN
UND DUNKEL ZEIGEND
WIE EINEN UNBEKANNTEN
GEGENSTAND
SICH SELBER RUHIG
IN DER SCHÖNEN SCHALE
VERBREITEND OHNE HEIMWEH,
KREIS AUS KREIS,
NUR MANCHMAL,
TRÄUMERISCH UND TROPFENWEIS
SICH NIEDERLASSEND
AN DEN MOOSBEHÄNGEN
ZUM LETZTEN SPIEGEL,
DER SEIN BECKEN LEIS,
VON UNTEN, LÄCHELN MACHT
MIT ÜBERGÄNGEN.

ICH FINDE DICH
IN ALLEN DIESEN DINGEN,
DENEN ICH GUT
UND WIE EIN BRUDER BIN;
ALS SAMEN SONNST DU DICH
IN DEN GERINGEN
UND IN DEN GROSSEN
GIEBST DU GROSS DICH HIN.

DAS IST DAS WUNDERSAME
SPIEL DER KRÄFTE,
DASS SIE SO DIENEND
DURCH DIE DINGE GEHN:
IN WURZELN WACHSEND,
SCHWINDEND IN DIE SCHÄFTE
UND IN DEN WIPFELN
WIE EIN AUFERSTEHN.

EINER, DER WEISSE
SEIDE TRÄGT, ERKENNT,
DASS ER NICHT ERWACHEN KANN,
DENN ER IST WACH
UND VERWIRRT
VON WIRKLICHKEIT.
SO FLIEHT ER BANGE
IN DEN TRAUM
UND STEHT IM PARK
EINSAM IM SCHWARZEN PARK.
UND DAS FEST IST FERN.
UND DAS LICHT LÜGT.
UND DIE NACHT IST
NAHE UM IHN UND KÜHL,
UND ER FRAGT EINE FRAU,
DIE SICH ZU IHM NEIGT:
„BIST DU DIE NACHT?"
SIE LÄCHELT.
UND DA SCHÄMT ER SICH
FÜR SEIN WEISSES KLEID.
UND MÖCHTE WEIT UND
ALLEIN UND IN WAFFEN SEIN.
GANZ IN WAFFEN.

Genehmigte Lizenzausgabe für
Verlagsgruppe Weltbild GmbH,
Steinerne Furt, 86167 Augsburg

Umschlaggestaltung: Pattloch Verlag
Umschlagmotiv: Rosina Wachtmeister
Gesamtherstellung: aprinta Druck GmbH & Co. KG,
Senefelderstraße 3–11, 86650 Wemding

Printed in Germany

ISBN 3-8289-8105-4

2008 2007 2006 2005
Die letzte Jahreszahl gibt die aktuelle Lizenzausgabe an.